# DE LA NÉCESSITÉ

## D'APPORTER DES ÉCONOMIES

DANS

# LA CONSTRUCTION DES CHEMINS DE FER

## ET DES MOYENS DE LES OBTENIR.

**PAR M. C. ARNOUX,**

OFFICIER DE LA LÉGION D'HONNEUR, ANCIEN OFFICIER D'ARTILLERIE,
EX-ADMINISTRATEUR DES MESSAGERIES GÉNÉRALES DE FRANCE ET DES CHEMINS DE FER
DE STRASBOURG ET DE SCEAUX.



PARIS,

| IMPRIMERIE ADMINISTRATIVE de **PAUL DUPONT,** Rue de Grenelle-Saint-Honoré. | LIBRAIRIE SCIENTIFIQUE, INDUSTRIELLE ET AGRICOLE **LACROIX et BAUDRY.** Réunion de l'ancienne Maison MATHIAS et du COMPTOIR DES IMPRIMEURS, 15, quai Malaquais, 15. |
| --- | --- |

1860

C.

(219) Paris. — Imprimerie de PAUL DUPONT,
rue de Grenelle-St-Honoré, 45

De la nécessité de compléter en France le réseau des chemins de fer, et d'en créer en Algérie, résulte celle d'apporter de sérieuses économies dans leur établissement, si l'on veut que le Gouvernement et les capitalistes n'hésitent plus, l'un à favoriser cès grandes entreprises, les autres à se charger de leur création et de leur exploitation.

Des rapports officiels, d'accord en cela avec l'opinion de la généralité des personnes qui s'occupent de ces questions, établissent que, de tous les moyens, le plus efficace pour atteindre ce but, serait une complète liberté dans les tracés. Ce serait, on doit le reconnaître, le complément naturel des avantages déjà obtenus par une plus grande déclivité des rampes par suite du couplement des roues des locomotives, couplement qui fait plus que doubler leur adhérence, et, par conséquent, leur puissance de traction. Mais, pour cela, il faut que le matériel se prête à parcourir les lignes droites et les courbes de tous rayons, avec une égale résistance et une parfaite sécurité.

Le problème ainsi posé, n'est, comme on le voit, qu'une question de matériel roulant.

Ces notes ont pour objet de constater que le système anglais ou à essieux parallèles en usage, est insuffisant dans ce cas, et de prouver que le matériel articulé, qui a subi des épreuves longues et décisives, remplit complétement ces conditions, depuis qu'il est reconnu, par l'expérience de plus d'une année, que les locomotives de ce système peuvent avantageusement recevoir des roues couplées, et que de récentes modifications, approuvées unanimement par une commission d'ingénieurs de l'État et des Compagnies, permettent que ces wagons soient manœuvrés dans les gares et mêlés dans les trains avec les wagons ordinaires.

Afin de bien poser la question, nous suivrons dans cet examen l'ordre suivant :

Matériel anglais ou à essieux parallèles;

Prescriptions administratives sur les rayons des courbes;

Limites auxquelles la pratique est descendue pour les courbes;

Commission des chemins de fer à bon marché;

Rapport spécial demandé par le Ministre des travaux publics sur l'emploi des trains articulés;

Renvoi de ce Rapport à une commission d'inspecteurs généraux;

Etudes comparatives et devis faits en Espagne sur un chemin spécial;

Loi de concession qui, pour ce chemin, impose le système Arnoux;

Principe sur lesquels repose le système articulé;

Comparaison des deux systèmes, parallèle et articulé, sous le rapport *de la sécurité, du prix de revient du matériel, des dépenses de traction et d'entretien*, et enfin *de la vitesse*.

S'il ressortait de cette comparaison qu'aucun des avantages qu'offre le matériel en usage n'est sacrifié, qu'au contraire quelques imperfections qui l'affectent ne se représentent pas dans le matériel articulé, ne serait-t-on pas en droit de s'étonner qu'on se privât volontairement des économies importantes que présenterait l'établissement des chemins de fer avec une complète liberté de tracé, et celle qu'offrirait leur exploitation par une moindre dépense d'entretien?

## ÉTAT DE LA QUESTION.

Matériel en usage ou à essieux parallèles.

Le matériel roulant des chemins de fer, locomotives et wagons, tel que nous l'avons imité des Anglais, a été créé exclusivement en vue du parcours de la ligne droite. Il a pour principe le parallélisme des essieux, et la solidarité des deux roues d'un même essieu. C'est, comme on le voit, ce que l'on pouvait imaginer de plus parfait pour parcourir une ligne droite ; mais, par contre, c'est aussi ce qui rend ce matériel essentiellement impropre au parcours des courbes, pour lesquelles ces dispositions sont deux contre-sens qui engendrent deux sortes de résistances.

Le parallélisme, en effet, place les roues obliquement sur les rails dans les courbes, et pour que le wagon, qui tend à suivre la ligne droite, soit maintenu sur la voie, il faut qu'il soit constamment repoussé dans la direction courbe, ce qui ne s'obtient que par le frottement des boudins des roues contre les rails.

La seconde résistance résulte de ce que les roues d'un même essieu, quoique solidaires, parcourent dans les courbes des chemins inégaux, ce qui nécessite le glissement de l'une d'elles.

La facilité avec laquelle le fer glisse sur le fer rend les résistances dues aux glissements des roues sur les rails presque insignifiantes dans les courbes de grands rayons; aussi n'est-ce que progressivement qu'on s'est enhardi à diminuer ces rayons; mais au fur et à mesure des diminutions, les résistances ont augmenté dans une forte progression, ce qui se comprend quand on considère que les quatre roues d'un wagon représentent un rectangle allongé, forcé de cheminer dans une coulisse circulaire, position anormale qui offre d'autant plus de frottement que la courbure est plus prononcée. Cette difficulté exagérée irait, on le voit, jusqu'au calage des roues dans la voie. (*Planche V, figure* 1).

La résistance à la traction et la fatigue des roues, constamment repoussées par des forces vives agissant perpendiculairement à leur plan, c'est-à-dire dans la pire condition, ne sont pas les seuls inconvénients ; il faut tenir compte aussi des dangers de faire sortir les wagons de la voie.

Prescriptions administratives sur les rayons des courbes.

L'Administration, en fixant dans l'origine à 1,500 mètres, puis bientôt à 1,000 mètres les rayons minimum des courbes, prouvait par là combien on devait redouter, dans l'intérêt de la sécurité, les effets de ces dispositions irrationnelles.

Cependant, en donnant de la conicité aux bandages, en surélevant le rail extérieur dans les courbes, et en élargissant la voie, on a pu, sans imprudence, mais non sans de nouvelles résistances, descendre au-dessous de ces limites, qui créaient trop de difficultés pour les tracés. C'est ainsi que progressivement on est arrivé au minimum de 500 mètres avec condition de ralentissement. Ce sont encore, si nous ne faisons erreur, les dernières prescriptions officielles.

Rayons des courbes auxquels la pratique est descendue.

Il faut remarquer toutefois que l'on a exceptionnellement, et assez fréquemment, obtenu de dépasser ces limites, et qu'une Compagnie a été jusqu'à adopter des rayons de 300 mètres en pleine ligne ; mais le service y est presque impossible dans des conditions d'exploitation convenables ; les machines y perdent une partie notable de leur puissance ; les trains sont faibles et sans vitesse.

Commission des chemins de fer à bon marché.

Préoccupé avec raison de la nécessité de diminuer les frais d'établissement des chemins de fer, le Gouvernement, dès l'année 1852, a institué une Commission, dite des chemins de fer à bon marché, chargée de rechercher et d'indiquer les conditions auxquelles il serait souhaitable d'arriver, et quelles pourraient en être financièrement les conséquences.

Cette Commission, composée d'hommes éminents par leur position scientifique et administrative, sous l'influence encore d'une crainte que lui inspirait une assez vive opposition, a déclaré, « Que si on réduisait le minimum « des rayons des courbes, *de 500 à 300 mètres et même « à 200*, en même temps que l'on porterait les pentes à un « maximum de 10 *millimètres par mètre au lieu de* 5, on « pourrait exécuter des chemins de fer à une voie, dans les « terrains faciles, pour 40,000 francs par kilomètre, sans « comprendre la voie et les gares, et que cette dépense « s'élèverait à 110,000 francs dans les terrains très-accidentés, en faisant toutefois exception des contrées comme « les Alpes, les Pyrénées, ou les parties montueuses du « centre de la France. »

La Commission appelait cependant, en terminant, l'attention de l'Administration sur le système articulé, dont elle s'était vivement préoccupée, comme pouvant conduire à une solution de la difficulté.

Rapport demandé à M. Lechatelier.

Par suite de cet avis, M. Le Chatelier, ingénieur en chef des mines, fut chargé « d'examiner les progrès qu'avait « pu faire le système articulé, de donner son avis sur les « modifications que son emploi pourrait apporter dans les « exploitations des chemins de fer construits, et dans les « conditions de tracé des chemins à construire. »

Dans un rapport étudié avec un soin particulier, cet ingénieur, après avoir exprimé quelques craintes sur la délicatesse des trains articulés livrés à une grande exploitation, cherche à apprécier, par des comparaisons et des calculs, les avantages très-importants que ce système présenterait au point de vue du tracé ; mais il fait à son application deux objections qui, avant tout, lui paraissent devoir être levées.

Il fait observer d'abord que le besoin de machines à grande puissance, soit pour gravir des rampes plus fortes, soit pour remorquer des convois de marchandises plus considérables, a généralisé l'usage des machines à roues couplées, et il lui paraît difficile que par sa nature même le matériel articulé puisse se prêter à cette extension. (*Voyez page* 45.)

Il fait remarquer en second lieu que, pour éviter les transbordements longs et coûteux aux points de raccordement des lignes à petites courbes avec les lignes principales, il y aurait obligation de pouvoir confondre le matériel articulé avec le matériel ordinaire, soit dans les manœuvres de gares, soit même dans les trains, et dès lors l'absence de tampons, et un mode d'accouplement tout différent, lui font redouter l'impossibilité d'obtenir ces conditions essentielles. (*Voyez page* 39.)

Fondant cependant quelque espoir dans les recherches de l'auteur du système pour résoudre ces deux difficultés, M. Lechatelier déclare que, dans le cas d'une bonne solution, il y aurait lieu de profiter des avantages de ce système, puisque, selon lui, « il permettrait de ramener par son « application les dépenses d'établissement des chemins de « fer, dans les pays de montagnes, à ce qu'elles seraient « dans les terrains ordinaires, ce qui porterait l'économie « à 70,000 francs par kilomètre, et que cette économie « pourrait être de 100,000 francs par kilomètre dans les

« passages les plus difficiles, balance faite de l'allongement
« du parcours. »

Le rapport énumère les avantages que présente le système comme sécurité, comme vitesse, et laisse à l'état de doute quelques objections de détail. (*Voyez page* 42.)

Renvoi de ce rapport à une commission spéciale d'inspecteurs généraux.

Ce travail important a été renvoyé à l'avis d'une commission spéciale d'inspecteurs généraux des ponts et chaussées. Dans son rapport, inséré dans le n° d'avril 1853 des *Annales des ponts et chaussées*, cette commission déclare qu'elle partage l'opinion de M. Le Chatelier, qu'elle analyse et fortifie par des citations, des calculs et des exemples nouveaux. Comme lui elle reconnaît la nécessité de s'occuper des deux observations que nous avons rappelées; elle provoque des expériences sur celle qui concerne le couplement des roues, et partageant l'espoir qu'il pourra être répondu à toutes deux d'une manière satisfaisante, la Commission est d'avis,
« Que dans ce cas il y aurait avantage à exécuter, suivant
« ce système que l'on pourrait appeler le système français,
« les chemins du réseau central, et les embranchements
« des voies principales, lorsque ces embranchements au-
« raient à traverser des pays acccidentés; que, dans ce cas,
« il y aurait lieu de fixer la limite des pentes à 10 millimè-
« tres, et celle des rayons de courbure à 100 mètres, en
« autorisant cependant les ingénieurs à porter ces limites
« à 15 millimètres pour les pentes, et à 50 mètres pour les
« rayons des courbes, lorsque des difficultés, exception-
« nelles, rendraient ces extensions nécessaires. »

Ces conditions, comme on le voit, sont déjà plus larges que celles posées par la commission précédente.

A l'aide de ces mesures, et tout en reconnaissant qu'il est bien difficile de fixer à l'avance les économies possibles dans des circonstances si variables, parce qu'il faudrait pour cela avoir sous les yeux, pour chaque cas, des études comparatives consciencieusement faites, la Commission croit pouvoir adopter d'une manière générale les chiffres d'économie posés par M. Le Chatelier, de 70,000 et de 100,000 francs par kilomètre, suivant les difficultés du sol.

Études comparatives faites en Espagne.

A défaut d'études comparatives faites en France, qui soient à notre connaissance, nous citerons celles qui ont donné lieu à une loi en Espagne, parce qu'elles peuvent être considérées comme un exemple tout à la fois extrême, sérieux et officiel.

Il existe aux pieds des Pyrénées, à 80 kilomètres de Granolers, station du chemin de fer de Barcelone à Saragosse, un gisement de houille considérable auquel on ne peut communiquer qu'à dos de mulet, en suivant un ravin sinueux, encaissé dans des rochers escarpés.

Deux études faites à différentes époques, par des ingénieurs anglais, portaient le parcours à 84 kilomètres, et les devis à 60 et à 58 millions; l'un de nos ingénieurs, d'une expérience consommée, a déclaré, après avoir vu les lieux, que ces devis étaient loin d'être exagérés.

Depuis, M. Cerda, ingénieur, ancien député aux Cortès pour la ville de Barcelone, après avoir étudié sur les lieux le système articulé, a fait de nouvelles études avec l'emploi des petites courbes, et ses devis se sont élevés à 26,400,000 fr.

Loi de concession en Espagne qui impose l'emploi du système articulé.

La concession a été demandée dans ces conditions; les études et les devis ont été contrôlés par les ingénieurs de l'État, et la loi de concession, promulguée le 5 avril 1857, porte, article 3 : « Le chemin de fer doit être construit « suivant le système Arnoux, conformément au projet ap- « prouvé par ordre royal du 4 juin 1857. »

La mort du principal concessionnaire, jointe à d'autres circonstances contraires, au nombre desquelles il faut compter une longue crise financière, n'ont pas permis encore de mettre ce projet à exécution.

Il nous a paru que cet exemple qu'on doit, ainsi que nous le disions, considérer comme extrême, au point de vue de la comparaison, était un élément utile à joindre aux appréciations des différentes commissions qui ont été appelées à se prononcer sur la question des économies possibles à réaliser.

---

## SYSTÈME ARTICULÉ.

Convergence des essieux de wagons.

Contrairement à ce qui a lieu pour le système parallèle, les essieux dans le système articulé n'ont pas de mouvement de rotation sur eux-mêmes; ils sont tous percés dans leur milieu, comme le sont ceux d'avant-train des voitures à quatre roues, et comme eux encore ils pivotent autour d'une cheville ouvrière verticale. (*Voyez page* 33.)

Les deux essieux d'une même voiture sont réunis par une flèche rigide, dont les extrémités sont traversées par les chevilles ouvrières, et les voitures elles-mêmes sont réunies entre elles par des timons également rigides, et aussi engagés par leurs extrémités dans ces mêmes chevilles ouvrières.

Avec ces dispositions un convoi, quelle que soit son étendue, ne représente qu'une *longue voiture articulée* dont tous les essieux, au moyen des parallélogrammes, prennent *forcément* et *successivement* la position normale à la portion de courbe dans laquelle ils sont engagés; comme conséquence, les roues suivent sans contrainte cette direction, et leur indépendance prévenant le glissement, il s'ensuit qu'elles n'éprouvent aucune résistance anormale à leur mouvement.

A l'appui de cette explication nous devons citer une expérience qui établit que la convergence des essieux se fait sans rien emprunter aux rails.

Quatorze petits wagons, à l'échelle du cinquième d'exécution, étant réunis en convoi sur un parquet, une personne dirigeait le premier en lui faisant décrire les circuits les plus irréguliers, et toutes les roues du convoi passaient successivement et exactement sur la trace des premières. Nous ne connaissons pas de preuve plus démonstrative et plus concluante.

Un fait également remarquable au même point de vue s'est passé dans l'exploitation du chemin de fer de Sceaux.

Par suite d'une erreur regrettable, et qui a été réparée aussi bien que possible, on avait livré au chemin de fer de Sceaux des rails extrêmement cassants, et, chose remarquable, en moins de deux années, sur ce petit chemin de 10 kilomètres et demi, il y a eu environ cinq cents rails cassés sans que cette circonstance ait jamais donné lieu à un accident.

Plusieurs fois cependant les chocs produits par les bouts de rails ont fait sortir les wagons de la voie, mais alors les roues suivaient les rails extérieurement avec la plus complète exactitude. Il est même arrivé que plusieurs wagons sont remontés d'eux-mêmes sur les rails, tant est puissante la tendance qu'ils ont à se suivre exactement, lorsqu'ils sont réunis dans les conditions des trains articulés.

De ces deux faits, qui nous paraissent dignes de la plus sérieuse attention, ne sommes-nous pas autorisés à conclure que les roues n'éprouvent aucune résistance contre les rails, et que, loin de tendre à s'éloigner de la voie comme cela a lieu forcément avec les essieux parallèles, les wagons articulés, quand ils en sont sortis par quelque cause que ce soit, cherchent à la suivre encore, et même à la reprendre?

Puisque dans l'expérience des petits wagons que nous venons de citer, une main dirigeait le premier essieu du convoi sur le parquet, on comprend que, par analogie et sur la voie de fer, il faille donner à ce premier essieu une direction spéciale d'autant plus certaine que c'est de lui que dépend tout le mouvement. Appareils-directeurs à galets.

C'est ce que nous obtenons, avec une parfaite exactitude,

au moyen d'un appareil directeur dont l'action est constante. (*Voyez page* 32.)

Cet appareil représente un cadre qui s'inscrit dans la voie; afin d'éviter les frottements, les quatre angles de ce cadre sont garnis de petites roues, horizontales en principe, mais en fait inclinées et coniques, pour le passage des aiguilles; ces roues ou galets se développent le long des bords intérieurs des rails; l'essieu est fortement fixé sur ce cadre dans une position normale à la voie, et il ne peut en prendre d'autre, obéissant ainsi à une action continue exempte de choc, ou même de mouvement brusque. (*Planche V, figures* 6 *et* 7.)

Depuis plus de 13 ans ces appareils fonctionnent sans le plus léger inconvénient; ils ont résisté aux épreuves les plus fortes, puisque dans une collision survenue en pleine courbe de 240 mètres de rayon, ils ont maintenu sur la voie les deux locomotives, bien qu'elles fussent presque entièrement détruites par la violence du choc.

Ajoutons que, par l'effet de la liaison rigide des voitures, aucune d'elles n'a non plus quitté les rails.

Le plus grand éloge que l'on puisse faire de ces appareils de direction, c'est que jamais on n'a éprouvé le besoin ou même eu la pensée d'en modifier les dispositions; ils sont encore tels que le premier jour de leur construction.

Locomotives articulées.

Le service des locomotives exigeait qu'elles pussent se diriger isolément sur la voie, dans les deux sens, avec une égale facilité, en leur donnant des moyens particuliers de direction; il convenait surtout de conserver leur accouplement rigide avec le convoi, afin de n'altérer en rien l'unité des trains qui présente, comme on l'a vu, les plus précieux avantages sous le rapport de la sécurité.

Dans nos premières expériences nous avons pris une locomotive à six roues, et nous nous sommes bornés à remplacer les essieux extrêmes par des essieux avec chevilles ouvrières et appareils de direction, et à supprimer les boudins des roues motrices, en donnant à leurs bandages une largeur suffisante pour qu'ils ne cessent pas de porter sur les rails dans les courbes de petits rayons.

Rien n'a été changé au mécanisme, ni à la chaudière.

C'est ainsi qu'ont été disposées, et le sont encore, les locomotives du chemin de fer de Sceaux. (*Planche V, figure* 12.)

Lorsqu'on nous a fait observer que la nécessité d'avoir des machines plus puissantes avait conduit à mettre sous les locomotives plusieurs essieux couplés, nous avons répondu que rien ne nous paraissait s'opposer à donner plus d'écartement aux essieux extrêmes, pourvus tous deux d'appareils directeurs, et que dès lors il y avait toute facilité à mettre entre eux deux paires de roues couplées, chargées de la presque totalité du poids de la machine.

Une locomotive construite sur ces données fait, depuis plus d'une année, le service entre Bourg-la Reine et Orsay; elle a été éprouvée par les plus lourdes charges que comporte son adhérence, et a parfaitement répondu à notre attente. (*Voyez page* 34.)

---

## COMPARAISON DES DEUX SYSTÈMES

### PARALLÈLE ET ARTICULÉ.

---

Sécurité.

Rien ne nous paraît mieux démontrer la sécurité qu'offre le système articulé que l'absence complète d'accidents pendant les treize années et demie d'exploitation du chemin de fer de Sceaux; et pourtant les causes n'ont pas manqué. Il ne peut être sans intérêt de les rappeler ici.

L'insuffisance du matériel a été telle que, pendant dix ans, les dimanches et les jours de fête dans la belle saison, tout le matériel de la Compagnie était en service, et que souvent le temps manquait pour les fortes réparations; c'était, il faut le reconnaître, une cause sérieuse d'accidents due à l'insuffisance des ressources de la Compagnie.

Bien des fois, par malveillance, des pierres ont été posées sur la voie, souvent même avec des précautions diaboliques; les galets les pulvérisaient ou les rejetaient. Un jour cependant, par suite de l'une de ces tentatives criminelles, une locomotive est sortie de la voie près du pont Laplace; mais heureusement les galets ont tellement labouré le balast qu'ils ont promptement arrêté la locomotive; quelques pas de plus, et elle était précipitée du haut de ce pont sur la route qu'il traverse. Cette garantie, qui s'exercerait partout de la même manière, est exclusivement propre aux appareils directeurs à galets.

On a vu qu'un nombre considérable de rails cassés n'avaient eu d'autre inconvénient que de faire sortir de la voie quelques roues de wagons (et jamais de locomotive), et que plusieurs, obéissant à la direction qui leur est imprimée, étaient remontées d'elles-mêmes sur les rails; cet effet serait tout à fait impossible avec le système parallèle, qui tend au contraire à éloigner de la voie les wagons qui l'ont quittée.

Quant à la malheureuse collision que nous avons rappelée page 14, et dans laquelle les deux trains marchaient à la rencontre l'un de l'autre, n'offre-t-elle pas aussi d'utiles enseignements? Nous avons fait remarquer, en effet, que les trains, machines comprises, étaient restés sur les rails malgré la destruction presque complète de celles-ci; ajoutons cette circonstance importante que l'ingénieur en chef du contrôle, qui se trouvait dans le coupé d'arrière de la seconde voiture, n'ayant ressenti qu'un frémissement sous les pieds, se doutait si peu de la véritable cause du temps d'arrêt, qu'il mit la tête à la portière pour la demander (1). Il nous paraît difficile de ne pas reconnaître que le choc avait été amorti par la flexion des timons en fer. Nous ne croyons pas qu'on puisse mentionner dans des conditions analogues un second exemple d'une collision accomplie sans déraillement, par conséquent sans renversement de machine, sans empilage de voitures, non pas sur des courbes de 240 mètres, puisqu'il n'y en a pas ailleurs, mais sur de grandes courbes, ou même sur des parties droites.

Un dernier fait : presque dans l'origine de l'exploitation, une fausse manœuvre d'aiguilles mit un jour une machine dans le sable à l'entrée de la gare de Sceaux, qu'elle interceptait; une locomotive de secours est demandée à Paris immédiatement; elle est attelée à l'arrière du train, et pendant sept à huit voyages le service continue avec la même régularité et la même vitesse, la machine tirant et poussant

(1) Cet ingénieur en chef (M. Duparc) a déposé de ce fait devant la commission d'enquête.

alternativement le train. Nous citons ce fait à cause de la vitesse imprimée au train lorsqu'il marchait à reculons; c'est encore une propriété particulière aux trains articulés.

On a parfois répété que le matériel se soutenait parce qu'il était entretenu à grands frais sous les yeux de l'inventeur; ceci repose sur une erreur, puisqu'à partir de 1848 ce chemin a été pendant dix-huit mois placé sous la direction d'un séquestre à la tête duquel étaient les ingénieurs de l'État. On peut ajouter que loin d'être soigné outre mesure, l'état du matériel a souvent laissé beaucoup à désirer, toujours à cause de l'insuffisance des recettes sur cette direction stérile.

Tous ces faits, que le contrôle a relevés, nous paraissent de nature à prouver que, sous le rapport de la sécurité, le matériel articulé offre plus de garantie que le système parallèle.

Dépenses d'entretien.

A défaut d'autres éléments plus susceptibles d'être comparés, M. Le Chatelier a rapproché les frais d'entretien du chemin de fer du Nord de ceux du chemin de fer de Sceaux pendant quatre années; il en est résulté un chiffre de 0f02030 par kilomètre pour le Nord, et de 0f02127 pour le chemin de Sceaux; c'est une différence de 5 p. 0/0 en faveur du premier. Le rapprochement eût été plus exact et plus concluant s'il eût pu se faire avec un autre chemin de banlieue, où la fréquence des arrêts et une infinité d'exigences rendent les frais d'entretien plus élevés, surtout quand il s'agit d'un parcours aussi restreint que celui de Paris à Sceaux.

Mais il est une autre observation bien plus grave que nous nous garderons d'oublier.

Nulle ligne n'est moins accidentée que celle du Nord, et

nulle ne l'est plus que celle de Sceaux qui, pour un parcours total de 10,500 mètres, a une rampe continue de 11 à 12 millimètres, sur une longueur de 3,500 mètres exactement le tiers du parcours total ; le prolongement sur Orsay n'ayant été ouvert que postérieurement.

Si nous cherchons à apprécier l'augmentation de dépense due à cette rampe, nous sommes certains d'être de beaucoup au-dessous de l'évaluation des ingénieurs qui rencontrent de semblables difficultés dans leur service, en la portant au double de la dépense ordinaire pour la rampe seulement. Ce serait donc comme si nous avions exploité 14 kilomètres au lieu de 10 kilomètres 1/2. Dans cette proportion le chiffre d'entretien, au lieu d'être de 0f02127, serait de 0f01522, et comparé au chiffre 0f02030 du Nord, il offrirait une différence en moins de 30 p. 0/0.

C'est, selon nous, l'explication la plus naturelle de ce que devient l'économie que présente la plus longue durée des bandages des roues du système articulé. (*Voyez page* 50.)

Prix de revient des wagons.

Nous avons reconnu l'utilité d'apporter des modifications aux dispositions accessoires des wagons articulés, tels qu'ils sont actuellement sur la ligne de Sceaux, afin de faciliter les mouvements dans les gares de marchandises. Aussi ne parlerons-nous que du prix de revient des wagons ainsi modifiés.

Nous distinguerons les wagons nouveaux destinés à un service dont le matériel ne devrait se confondre avec aucun autre, tels que pourraient être, par exemple, les chemins de l'Algérie, etc. (*voyez page* 37 *et planche II*), et ceux qui, faisant suite à une ligne existante, devraient tout à la fois être articulés pour le parcours des petites courbes, et au besoin à essieux parallèles pour pouvoir se confondre avec les wagons ordinaires; ce double emploi oblige naturellement à appliquer à ces derniers les deux modes d'accouplements; et ce qui facilite cette double disposition, c'est que pour les wagons en usage, tout l'appareil de traction est compris dans l'épaisseur du châssis, tandis que, pour les wagons articulés, il est entièrement dans le plan des essieux. (*Voyez page* 39, *planche III.*)

Si nous énumérons, d'une part, les pièces qui doivent, dans le wagon simple, être substituées à celles du wagon ordinaire, qui nous sert de point de comparaison, et, d'autre part, celles qui, dans le wagon double, doivent être ajoutées, il résulte de l'évaluation de leur poids, de la différence de la matière et de la façon de ces pièces, que l'on peut compter sur une diminution de 150 à 200 francs pour les wagons simples, et sur une augmentation de 550 à 600 francs pour les wagons à deux fins, en prenant toujours pour terme de comparaison les wagons ordinaires, dont le prix moyen est de 3,000 fr.

Vitesse.

La vitesse que peuvent prendre les wagons articulés seuls ou intercalés dans des trains de wagons parallèles, ne peut plus être mise en doute. On lit, en effet, dans le rapport de la Commission de 1853 : « Il résulte de ce qui précède « que les expériences faites sur le chemin de fer de Sceaux, « avec vitesse ordinaire, et sur le chemin de fer du Nord, « avec la vitesse de 80 à 84 kilomètres à l'heure, ont « jusqu'à présent été favorables aux voitures articu- « lées. »

Depuis, plusieurs essais ont eu lieu, et notamment du 12 au 22 décembre 1857, 6 voitures articulées ont été placées dans les convois express de Calais, elles ont fait six voyages consécutifs, aller et retour, ainsi que le constatent des procès-verbaux régulièrement tenus, et jamais on n'a eu à en critiquer la marche dans les plus grandes vitesses, bien que le mode d'accouplement et de suspension laissât alors à désirer.

On a pu remarquer parfois que, lorsque dans des passages où la voie était mauvaise les autres voitures prenaient un mouvement de lacet, les voitures articulées l'empêchaient de se propager (1).

On ne s'expliquerait pas pourquoi, en effet, des voitures articulées, dont la direction est rigoureuse et dont les roues n'éprouvent aucune contrariété, se comporteraient plus mal que celles qui n'offrent pas les mêmes avantages, et il faut le reconnaître, tout est dans la bonne direction des roues.

Conclusions.

Nous terminons ici les faits généraux qui militent en faveur du système articulé. Nous ferons remarquer que, comme principe théorique, il était difficile d'obtenir des approbations plus importantes (*voyez page* 27); que quant à l'application, si les premières dispositions ont présenté quelques complications, comme cela arrive bien souvent dans les recherches de ce genre, où l'on craint toujours de ne pas assez prévoir, ces complications ont successivement disparu, ou se sont modifiées, pour faire place à des dispositions plus simples, sans altérer en rien les principes sur lesquels le système repose.

---

(1) On ne peut juger de la vitesse par celle qui est adoptée pour le service du chemin de Sceaux et d'Orsay. On sait que l'augmentation de vitesse entraîne toujours une augmentation de dépense; le chemin ne faisant pas ses frais, on est naturellement porté à ne pas accroître ses pertes, et d'ailleurs les départs étant fixés à toutes les heures pour Sceaux et à toutes les deux heures pour Orsay, une plus grande vitesse en ce qui touche le service ne ferait qu'augmenter inutilement le stationnement aux deux destinations.

Nous avons reporté dans les notes qui suivent les faits principaux qui expliquent la marche de nos recherches et l'insuccès financier du chemin de fer de Sceaux, les détails les plus importants des expériences, les réponses aux objections, les descriptions techniques, enfin tout ce qui pouvait plus particulièrement intéresser les ingénieurs.

Nous croyons avoir justifié par des faits dûment constatés ce que nous avons avancé, à savoir : que sous aucun rapport le matériel articulé ne s'est montré inférieur au matériel parallèle ; que, loin de là, il a présenté sur lui des avantages incontestables, tout en donnant une solution du problème de la liberté complète du tracé. Cette liberté, jointe, comme nous l'avons dit, à la plus grande adhérence des locomotives, dépasse les conditions posées, nous dirions presque les espérances conçues par les différentes commissions, et se prêtent à toutes les économies réalisables aujourd'hui dans l'établissement des lignes ferrées.

Nous pensons qu'alors même qu'on aurait dû acheter ces avantages par quelques sacrifices dans les habitudes contractées, il eût été sage de le faire. Fort heureusement, les dispositions que nous indiquons n'apportent aucun changement à ce qui est, et forment entre les deux systèmes une sorte de trait-d'union qui facilite l'emploi simultané des deux matériels, et permet le choix sans rien détruire.

Ici, nous ne pouvons nous défendre d'une réflexion que ne manqueront pas de faire les personnes familiarisées avec la construction des voitures de terre ; c'est que nous recommençons pour le matériel des chemins de fer l'histoire des voitures à quatre roues.

On sait que le premier véhicule a été le char à deux roues. On conçoit que les premières voitures doubles ou à quatre roues ont dû être à essieux parallèles ; mais le besoin de faciliter les tournants a donné l'idée de faire converger l'essieu de devant, et de là l'application des avant-trains dont toutes les voitures à quatre roues sont pourvues.

Pour preuve de ces déductions, nous pourrions citer ces voitures à deux essieux fixes appelées *diables*, dont on se sert encore dans certains ports ou chantiers, pour débarder les bois, mais surtout des modèles de voitures de l'Inde d'un grand luxe, qui figuraient à l'exposition de Londres.

Certes, il ne serait dans la pensée de personne aujourd'hui, de revenir à ces dispositions irrationnelles, et nous sommes portés à croire, par analogie, que si les voitures articulées soit au moyen du procédé que nous présentons, soit de tout autre que l'on pourra imaginer, étaient entrées dans les constructions du matériel des chemins de fer, on trouverait qu'il y a quelque chose de barbare à forcer à circuler sur des lignes courbes, des voitures uniquement propres à suivre la ligne droite, et qui résistent à toute autre direction.

Nous terminerons par une observation qui frappera tous les bons esprits : si, à force de science et d'intelligence, nos ingénieurs et nos constructeurs ont tiré un si merveilleux parti d'un système qui se roidit contre tout ce qui peut tendre à introduire les moyens d'économie que nous poursuivons aujourd'hui, que ne serait-on pas en droit d'espérer de la même science et de la même intelligence appliquées à un système qui se prête si facilement aux circuits les plus prononcés et à toutes les exigences d'un service aussi important que compliqué?

# APPENDICE.

# NOTES HISTORIQUES

## SUR LE SYSTÈME ARTICULÉ.

Le système articulé date de 1838; il a très-longuement et très-amplement subi, comme on va le voir, les épreuves successives, théoriques et pratiques, que l'on peut exiger d'une découverte qui intéresse à un si haut point la fortune publique et la sécurité des personnes.

Comme cette solution présentait l'application de principes nouveaux, il était désirable que, sous ce premier rapport, elle fût soumise aux juges les plus compétents.

*Rapport de M. le général Poncelet, de l'Académie des sciences.* — Le 2 avril 1839, M. le général Poncelet, au nom d'une commission de l'Académie des sciences, composée de MM. Arago, Poncelet, Dulong, le baron Séguier et Savary, a présenté un rapport qui se terminait ainsi : Avril 1839.

« En résumé, vos commissaires sont d'avis que le dispositif des « voitures proposées par M. Arnoux mérite l'attention des ingé- « nieurs chargés de l'établissement des chemins de fer, en ce que « ses avantages *pour prévenir les accidents*, et diminuer les ré- « sistances aux courbes de raccordement des chemins de fer, à « petits rayons, ne sauraient en eux-mêmes *être mis en doute*, etc.

« Nous émettons le vœu que ces tentatives pour perfectionner le « système de véhicules actuellement en usage sur les chemins de « fer puissent être soumises prochainement à un essai en grand, « propre à en démontrer les avantages d'une manière plus complète « encore et plus positive. »

Ces conclusions ont donné lieu à la construction d'un chemin de fer d'essai à Saint-Mandé, et ces essais ont duré plus d'une année.

La question entrant dès lors dans une nouvelle phase, et passant de la théorie à une expérimentation pratique, M. le Sous-Secrétaire d'État des travaux publics désigna une commission d'inspecteurs généraux des ponts et chaussées pour suivre ces expériences et lui faire un rapport sur leur résultat.

Octobre 1839. *Rapport de M. Fèvre, inspecteur général des ponts et chaussées.* — Le 16 octobre 1839, cette commission, composée de MM. Défontaine, Kermaingaut et Fèvre, rapporteur, lui adressa un rapport circonstancié et très-remarquable.

Après avoir reconnu l'opportunité et exprimé le vœu d'une application à un service public, la Commission, « considérant l'ensemble « des avantages et des inconvénients qu'elle vient d'énumérer, est « d'avis que le système de voitures de M. Arnoux joint à un but « d'utilité réelle, à des moyens neufs et ingénieux, des chances « suffisantes de réussite, et qu'il mérite l'attention des ingénieurs « chargés de l'établissement et de l'exploitation des chemins de fer.»

L'Académie des sciences, qui avait provoqué ces expériences, crut devoir en constater les résultats, et, à cet effet, elle désigna une nouvelle commission.

Le rapport de cette commission a été déposé dans la séance du 20 juillet 1840 ; on y remarque le passage suivant :

Juillet 1840. *Rapport de M. Savary, de l'Académie des sciences.* — « L'Académie n'a pas oublié le savant rapport dans lequel M. Poncelet « apprécie, avec tant de mesure et de lucidité, tout ce que les « nouvelles dispositions présentaient de hardi, d'ingénieux, de plausible. Elle doit se ressouvenir aussi que ses commissaires en « appelaient à des essais en grand pour corroborer ou infirmer les « espérances que la théorie permettait de concevoir. Ces expériences, M. Arnoux s'est empressé de les faire; elles n'ont pas « coûté moins de 150.000 francs (1). Tous les obstacles à la locomotion, tels que pentes et contre-pentes, croisements de voie, lignes « courbes en sens opposé se succédant sans intermédiaire, courbes « de petits rayons, se sont trouvés réunis dans un chemin dont le « développement égal à 1,142 mètres forme un circuit fermé. Cette « disposition permettait de revenir au point de départ autant de fois « qu'on le voulait sans s'arrêter là ou ailleurs.

« L'évaluation de la résistance a été obtenue par des appareils « dynamométriques; M. Morin, qui a une si grande habitude de ces « machines, qui en a fait de si nombreuses, de si ingénieuses appli-

(1) En fin de compte, la dépense a dépassé 220.000 francs.

« cations, à bien voulu les mettre en action, relever les résultats, « dresser des tableaux.

« En résumé, l'égalité de frottement, de résistance sur les par« ties courbes et droites quand les voitures sont construites d'après « ce système, a été complétement établie.

« Ces expériences, si cela pouvait être nécessaire, viendraient « donc à l'appui des considérations théoriques développées dans le « premier rapport ; elles prouveraient pratiquement que la conver« gence des essieux est la condition *indispensable* d'un bon service « de locomotion sur les rails courbes. »

Le vœu d'une application à un service public et continu était également exprimé dans ce rapport.

*Prix de mécanique. — Rapport de M. Coriolis.* — Dans son rapport pour l'année 1840, la section de mécanique de l'Académie des sciences, chargée des récompenses, composée de MM. Coriolis, Charles Dupin, Gambey, Poncelet et Séguier, s'exprima ainsi par l'organe de M. Coriolis, son rapporteur. Septembre 1840.

« Votre commission, dont le droit et même le devoir est de choi« sir parmi les inventions publiées dans le délai fixé celles qui sont « à la fois les plus ingénieuses et les plus utiles aux progrès de « l'industrie, a désigné le système de wagons articulés de l'invention « de M. Arnoux. »

Après l'exposé qui rappelle les expériences auxquelles, dit le rapporteur, ont assisté les commissaires chargés de décerner le prix de mécanique, le rapport se termine ainsi :

« En conséquence, votre commission, considérant que le système « de wagons articulés de M. Arnoux a subi, sur une échelle très« étendue, les épreuves qui en démontrent l'utilité pour diminuer « les résistances dans le passage sur les petites courbes des chemins « de fer, est d'avis que cette invention mérite le prix de méca« nique. »

L'Académie a approuvé ces conclusions.

---

Comme conséquence des espérances que des approbations de cette valeur permettaient de concevoir, nous devions demander une concession, bien moins comme objet de spéculation, que pour avoir Concession du chemin de fer de Sceaux. Août 1844.

un spécimen où tous les perfectionnements pourraient être essayés. Et dût l'exploitation en souffrir, nous devions y grouper tous les incidents que devait présenter l'établissement des chemins de fer tracés dans les conditions les plus larges.

Le malheur a voulu que l'administration ne pût, dans ce moment, nous dit-on, disposer que de la ligne de la barrière d'Enfer à Sceaux. C'était partir de l'une des barrières les moins fréquentées depuis l'ouverture du chemin de fer d'Orléans, pour arriver à Sceaux, commune de 1,500 âmes seulement et sans industrie. La distance effective entre ces deux points n'est que de 8 kilomètres, tandis que la montée de Sceaux, avec le développement des lacets, la portait à 10,5 kilomètres. On comprend sur-le-champ combien il était difficile, en pareil cas, de se défendre contre la concurrence des voitures qui conservaient l'avantage de pénétrer dans le centre de la capitale.

Nous sentions cependant que le succès du système pourrait pour beaucoup de personnes dépendre du succès financier de cette entreprise; mais il fallait se hâter, nous disait-on de toutes parts ; la concession fut demandée et obtenue, chose à noter, sans subvention, ni garantie d'intérêts (1).

Dans l'ordre des faits, nous pourrions placer ici les considérations encourageantes sur lesquelles reposait l'exposé des motifs présenté par les commissaires du Gouvernement dans les deux Chambres, et les espérances de succès et d'économie pour l'établissement des chemins de fer que renfermaient les rapports des commissions dont M. Arago, à la Chambre des députés, et M. le marquis de La Place, à la Chambre des pairs, étaient les organes; mais ils reproduisaient, en d'autres termes, celles que nous avons rapportées plus haut.

Le chemin de fer fut définitivement concédé le 5 août 1844, et ouvert le 15 juin 1846.

---

(1) Le chemin de fer de Sceaux, dont le parcours était de 10,5 kilomètres, a fait, de 1846 à 1855, une recette brute en moyenne, de 275,000 fr. par année, ce qui donne 26,000 fr. par kilomètre.

Si on compare cette recette avec celle de la ligne de Saint-Germain, qui est aussi un chemin de banlieue, on trouve que pour un parcours total de 21 kilomètres la recette brute a été, pendant la même période, en moyenne de 2,500,000 fr. par année, ce qui donne 119,000 fr. par kilomètre.

Dès l'origine, et pendant huit années, le nombre des voyageurs ne permit pas de couvrir entièrement les frais d'exploitation. En 1852, l'Etat voulant venir en aide à la Compagnie, lui abandonna les travaux qu'il avait fait exécuter dans des moments difficiles pour occuper les ouvriers, entre Bourg-la-Reine et Palaiseau, dans la direction d'Orsay.

Cette subvention, relativement importante, puisqu'elle s'élevait à 2 millions, permit d'ouvrir ce prolongement en août 1854. Elle eût sauvé la Compagnie, si elle avait pu, à l'aide de ce prolongement, augmenter assez les recettes pour que, la dépense couverte, il restât un bénéfice. Il n'en fut malheureusement rien, et, chaque année, il fallut continuer à enregistrer des pertes qui devaient finir par absorber toutes les réserves.

C'est dans ces circonstances que la crainte d'une concurrence, dont cette sortie de Paris eût pu être l'occasion, détermina la Compagnie d'Orléans à nous faire des propositions d'achat, et qu'un traité fut conclu entre les deux Compagnies sous les auspices du Ministre des travaux publics. Par suite de cette négociation, les fondateurs ont perdu dix années d'intérêt et n'ont été remboursés que de la moitié de la valeur de leurs titres.

---

## DESCRIPTIONS TECHNIQUES.

Appareils-directeurs.

Ces appareils ont pour but d'assurer la position normale à la voie soit des essieux des locomotives, soit de l'essieu qui marche en tête d'un convoi.

L'appareil directeur à galets a beaucoup d'analogie, quant au principe, avec un gabarit dont se servent les poseurs pour s'assurer de l'écartement des rails dans les courbes. La description de ce gabarit nous paraissant très-propre à faire connaître le jeu et l'utilité des galets directeurs, nous la donnons ici.

Il se compose (*pl. V*, *fig.* 3) de quatre règles, deux de 2 mètres environ A B, A' B' et de 2 autres de $1^{m}$ 30 C D, C' D' formant avec les premières un rectangle que deux diagonales $p\ q'$ et $p'\ q$, empêchent de se déformer.

On place ce rectangle sur une voie droite en posant les grandes règles A B, A' B' sur les rails, dans une direction perpendiculaire à la voie; sous chacune d'elles, en dedans de la voie, on fixe un taquet *t*, *t*, qui touche les boudins des rails.

Enfin, au milieu des règles A B, A' B', on en ajoute une troisième E F, qui leur est parallèle.

Dans les courbes, les règles A B, A' B' sont plus ou moins obliques par rapport à la voie en sens contraire l'un de l'autre, mais la règle E F lui est toujours perpendiculaire.

Si, pour faciliter le mouvement du gabarit sur la voie on remplace les taquets *t*, *t*, par de petites roues horizontales *r*, *r* (*fig.* 4), on a le principe de l'appareil directeur; pour cela, il suffit que la règle E E représente l'essieu auquel on fixe le rectangle d'une manière rigide, que les petites roues soient remplacées par d'autres de 50 centimètres à peu près, et qu'elles soient inclinées pour le passage au-dessus des aiguilles et des contre-rails (*fig.* 6, 7, 8). On donne aux cercles de ces roues ou galets *g*, *g*, une forme conique, de manière à rendre verticale l'arête de contact avec le boudin des rails, et on les engage assez pour ne pas craindre qu'elles échappent; on pourrait même leur mettre des petits boudins comme cela est représenté (*fig.* 9), mais il a été reconnu que cette précaution était inutile.

Convergence des essieux.

Nous avons posé, en principe, que la première condition de sécurité était d'obtenir que les essieux fussent toujours perpendiculaires à la direction que l'on voulait parcourir ; à ce point de vue, on se rend facilement compte que l'application de galets directeurs à chaque essieu, présentait seule une solution rigoureuse du problème des petites courbes ; dans ce cas même, rien n'eût été changé au mode d'attelage actuel, ni à l'indépendance des voitures. L'idée d'employer des timons rigides engagés sur des chevilles ouvrières, nous a paru conduire à une solution plus simple, et nous nous y sommes arrêtés.

Nous avons d'abord employé des chaînes de Vaucanson, passant sur des couronnes concentriques avec les chevilles ouvrières. Comme précision, cette disposition adoptée exclusivement, dans nos premiers essais, et pendant sept ans, sur le chemin de fer de Sceaux, a constamment bien fonctionné ; mais elle trahissait une imperfection qui pouvait devenir gênante dans une grande exploitation ; un train ne pouvait prendre une marche franchement rétrograde, sans que l'on changeât les attaches d'accouplement.

Le parallélogramme, dont l'idée est de M. H. Arnoux, ingénieur des mines, a toute la précision du premier procédé, sans en avoir les inconvénients ; en conséquence, nous l'avons adopté définitivement, et, depuis six ans, il est seul en usage. En voici la description :

Soient $a$, $a'$, $a''$ ........ $b$, $b'$, $b''$ (*pl.* V, *fig.* 2), les deux rails d'une voie en courbe, soit $o$, $o'$, $o''$ ........... une ligne milieu entre les deux rails.

Pour converger avec précision, tous les essieux, semblables en cela aux essieux d'avant-train des voitures qui circulent sur les routes, doivent être traversés dans leur milieu par une cheville ouvrière verticale ; il suit de là que l'axe de la voie $o$, $o'$, $o''$ sera le lieu géométrique de tous les centres de chevilles ouvrières.

Si on suppose que les essieux sont éloignés de 3 mètres, distance généralement adoptée sur les lignes qui n'ont que des courbes à grands rayons, et que l'on détermine sur la ligne milieu une suite de points de 3 en 3 mètres, ces points pourront être considérés comme les centres des chevilles ouvrières, et les cordes $o\,o'$, $o'\,o''$, $o''\,o'''$, etc., qui les unissent, comme représentant alternativement les timons et les flèches rigides des wagons.

Pour satisfaire à la condition exigée, tous les essieux doivent avoir une position normale à la courbe, chacun au point où il se trouve.

Si on considère dès lors un de ces points, et les extrémités de deux cordes consécutives, comme appartenant à un arc de cercle osculateur à la courbe, la ligne qui partagera l'angle de ces deux cordes en deux parties égales sera, on le sait, normale à la courbe; or, on obtiendra cette condition, si cette normale passe au point d'intersection de deux obliques égales, partant de deux points $p$, $q$, également distants du point $o$.

Mais comme l'angle des deux cordes, l'une représentant la flèche et l'autre le timon, est essentiellement variable, il faut que le point d'intersection de ces obliques qui ne varient pas de longueur, puisse se rapprocher ou s'éloigner du point $o$, selon que l'angle que forment ces cordes est plus ou moins ouvert; c'est un résultat que l'on atteint en fixant l'extrémité de ces obliques (ou petites bielles) à des manchons glissant le long des normales $m\ m$, $m'\ m'$, etc. (ou du corps de l'essieu).

Tous les essieux étant guidés de la même manière, les roues deviennent forcément parallèles aux rails ou à leurs tangentes, et comme elles sont d'ailleurs libres sur les fusées des essieux, elles n'éprouvent pas de glissement, et leurs boudins ne sont sujets à aucun frottement de côté (1).

Les effets de cette disposition sont parfaitement démontrés, soit par les 14 wagons modèles se suivant sur un parquet, soit par ces wagons remontant d'eux-mêmes sur la voie, dont nous avons parlé page 12.

Locomotives à roues couplées.

Nous avons fait connaître, page 13, les dispositions adoptées dès l'origine et toujours en usage pour les locomotives à voyageurs qui n'ont qu'un seul essieu moteur, nous ne reviendrons pas sur ce point.

---

(1) Pour le cas où l'on aurait des voitures plus longues, les distance des points $o$, $o'$, etc., aux points $p$, etc., devraient être réciproquement porportionnelles aux longueurs des flèches et des timons; on aurait donc d'une manière générale $o'\ p' : o'\ q' :: o'\ o'' : o'o$. Ces cas seront probablement très-rares; cependant, ils seraient applicables aux trains princiers ou aux transports d'objets très-longs.

A la page 39, à l'article *Objections*, nous donnons textuellement le passage du rapport dans lequel M. Lechatelier et la commission de 1853 posaient la nécessité de machines puissantes, et par conséquent l'obligation d'appliquer des roues motrices couplées aux locomotives articulées.

Dans cette citation, on trouve indiquée la solution que nous proposions; elle consistait à donner un mouvement propre aux roues couplées d'un même côté de la machine, afin de faire disparaître tous les frottements de glissement; et c'est, d'après cette idée, que la première machine à roues couplées a été construite.

Dans la crainte de voir les manivelles des deux côtés arriver en même temps aux points morts de leur mouvement, nous nous étions jetés dans des complications qui doublaient le mécanisme.

On pouvait espérer que l'ingénieur chargé de l'étude et de la surveillance de la construction, suivant les recommandations qui lui étaient faites, mettrait tous ses soins à simplifier cette machine; malheureusement il n'en fut pas ainsi. Il était inventeur de divers procédés de détente, d'alimentation, de suspension, etc... Trouvant l'occasion favorable de les produire, il a augmenté, par leur application, une complication déjà trop grande.

Nous n'entendons porter ici aucun jugement sur le mérite de ces diverses inventions, dont quelques-unes ont été utilisées en Allemagne; nous nous bornons à constater qu'elles ont contribué à rendre cette machine compliquée et pratiquement inapplicable, ce qui a suffi pour faire oublier le but très-rationnel que l'on avait en vue, celui d'empêcher tout glissement dans les courbes.

Dans d'assez nombreux essais, cette machine a eu une marche parfaite; elle prenait de la vitesse avec une extrême facilité, et elle passait les courbes sans qu'on s'en aperçût autrement que par les variations de l'échappement, qui indiquaient que les roues parcouraient des espaces différents sans le plus léger glissement. Une notable économie de combustible et une plus longue durée des bandages eussent donné la mesure de ces avantages.

Mais, nous le répétons, pratiquement la complication de cette locomotive devait la faire condamner. Les manchons qui recevaient les demi-essieux, étant difficiles à aborder pour le graissage, ont grippé presque immédiatement, et beaucoup d'autres mouvements, qu'on ne découvrait qu'avec peine, ont eu le même sort.

Il a donc fallu renoncer, pour le moment au moins, à l'indépendance des roues de chaque côté, et la machine a été mise à deux cylindres avec des essieux entiers; les mouvements ont été changés, et cette transformation opérée dans les ateliers de la Compagnie d'Orléans, sous l'habile direction de M. Polonçeau, a pleinement réussi.

Après ses premiers essais, cette locomotive, ainsi modifiée, a conduit un convoi de quarante voitures, qui offrait dans la gare d'Orsay l'effet reproduit *planche V figure* 11. On voit que les sept dernières voitures du convoi se trouvaient dépasser la locomotive, et que la moitié des voitures marchait dans une direction opposée à celle de cette machine.

Lorsqu'on a été certain d'une bonne marche, on a fait un essai à pleine charge de 37 voitures, non compris le wagon à bagages et le tender, dans lequel ont pris place 1,200 militaires, que M. le maréchal Magnan a bien voulu nous envoyer. La machine a enlevé ce convoi sans hésiter sur les courbes de 60 mètres de la station de Bourg-la-Reine; elle a parcouru les courbes en S. de Palaiseau, de 110 mètres de rayon, avec une vitesse de 40 kilomètres à l'heure, est entré dans la gare circulaire d'Orsay, de 25 mètres de rayon, l'a traversée sans s'y arrêter, avec une vitesse de 10 à 12 kilomètres, a monté à la sortie de cette gare une rampe de 0m 0065 par mètre sur 1,434 mètres et est revenue à son point de départ, après avoir fait les 28 kilomètres en 43 minutes, départ et ralentissements compris.

Depuis ce moment, cette locomotive fait le service régulier entre Bourg-la-Reine et Orsay.

Le succès de cette disposition permet donc de ne pas douter qu'en donnant l'écartement nécessaire aux essieux extrêmes convergents (ce qui ne présente aucune difficulté), il serait facile de mettre un troisième essieu moteur, en chargeant ces 3 essieux d'un poids égal à celui que portent les 3 essieux d'une locomotive ordinaire. Le poids des essieux extrêmes, avec leurs appareils à galets, serait ajouté à celui qui porte sur les essieux moteurs, et on aurait ainsi une locomotive de même puissance que la locomotive ordinaire à six roues couplées, passant sans résistance latérale dans les plus petites courbes, permettant d'augmenter presque à volonté *la surface de chauffe*, n'ayant plus de *porte à faux*, et pouvant par conséquent prendre de la *vitesse sans danger*. Ne sommes-nous pas ainsi fondés à ajouter que *si les galets directeurs n'étaient pas inventés, il faudrait qu'ils le fussent, dans l'intérêt des machines à roues couplées.*

L'écartement des essieux extrêmes convergents pouvant être de 6 mètr. 50, la largeur des bandages des roues, pour des courbes de 50 mètres, serait de 20 à 22 centimètres; quant aux courbes de 25, 20 et même 18 mètres, qui ne se trouvent que dans les gares, on placerait en dedans de chaque rail, à une distance de 12 centimètres (ce qui permettrait le passage des galets), un contre-rail qui recevrait les roues motrices.

Sur des chemins dont les courbes ne seraient pas au-dessous de 400 mètres, on pourrait, avec la même largeur de bandages, mettre huit roues couplées.

---

Afin de bien faire comprendre que les nouvelles dispositions que nous indiquons ne changent en rien le système, nous avons, dans une première planche, représenté les wagons tels qu'ils sont au chemin de Sceaux. Nous ne les décrirons pas autrement que par la légende. Wagons actuels du chemin de Sceaux

Dans chacune des planches I, II, III,

La *fig.* 1 représente le train des wagons en élévation, mais dans la première planche, l'essieu d'avant est muni de galets.

La *fig.* 2 est une coupe par l'axe de la flèche; on a représenté un 2e wagon également en coupe, et attelé afin de voir les détails de l'accouplement.

La *fig.* 3 représente le même wagon en plan.

La *fig.* 4 est une vue de bout, qui représente la position des galets dans la voie et les dispositions des supports de galets.

La *fig.* 5 est une vue de bout du derrière du wagon; on y voit la disposition des bielles et des manchons.

Les modifications que nous devons apporter à ces wagons pour remplir les conditions demandées sont les suivantes. Wagon articulé. Disposition nouvelle.

Premièrement, reporter les ressorts en dehors des roues, afin d'adapter le cadre *c*, en usage dans le matériel ordinaire, qui puisse porter les tampons de choc pour les mouvements de gare seulement, et permette d'y fixer telle espèce de caisse qui conviendra.

A cet effet, nous plaçons sur le bout de l'essieu, précisément à la distance où se trouvent aujourd'hui les collets qui reçoivent les boîtes à graisse, un support en fonte ou en fer *s* (*pl. IV*, *fig.* 7) qui reçoit une glissière en arc de cercle G sur laquelle portent les ressorts R.

En reportant les ressorts à l'extérieur, nous pouvons par cela même supprimer (*fig.* 1, 2, 3, 4, 5, *pl.* I) la flèche E, les empanons *e*, les lisoirs L, les sassoires et contre-sassoires; c'est-à-dire tout ce qui est en dedans des roues, en adoptant une simple flèche en fer, qui, comme le timon dont elle a la forme, porte les oreilles des bielles de convergence.

Cette suppression conduit à fixer la cheville ouvrière aux châssis par le moyen de deux entretoises, l'une longitudinale *y y* (*pl. II*), qui va de la traverse extrême à la première traverse, l'autre transversale *z z* qui va d'un empanon à l'autre.

On sait que dans les wagons parallèles, la traction s'opère par les châssis, et qu'elle est communiquée aux essieux par les plaques de garde. Ici la traction a lieu directement sur les chevilles ouvrières, et les châssis portent librement sur les ressorts; en conséquence, les plaques de garde deviennent sans objet, et nous les avons supprimées.

La deuxième condition est de rendre les essieux fixes ou convergents à volonté, afin que les wagons se dirigent eux-mêmes dans les mouvements de gare.

Si on observe que ce sont les timons qui donnent la direction aux essieux, il est clair qu'en fixant les timons suivant l'axe du wagon, les essieux sont maintenus dans une position parallèle. Or, pour cela, il suffit de faire porter au support de timon *s* (*pl. IV*, *fig.* 4) placé sous la traverse *t*, une fourche *o o*, et de pouvoir tourner cette fourche en dessus, pour rendre les essieux parallèles, et en dessous pour leur permettre de converger. Dans le premier cas, le timon T s'engage dans cette fourche; dans le second, il se promène sur la traverse, qui est maintenue dans l'une ou l'autre position par un ressort R qui s'engage dans une fente que porte la traverse à son extrémité.

*Tampons.* — Pour ces wagons, qui ne sont pas destinés à être confondus avec d'autres d'un système différent, on se bornera à un seul tampon de choc très-simple placé au centre de la traverse, ainsi que nous les avons vus dans l'origine. Cette disposition aura le grand avantage de n'être pas gênante dans les petites courbes.

*Barres d'attelage.* — Au chemin de fer de Sceaux, les barres d'attelage se réduisent à un goujon assez long pour s'engager par moitié dans chaque timon où il est retenu par une clavette.

Ici le jeu des tampons exige qu'il y ait une partie pleine au milieu de la barre d'attelage B (*fig.* 6, *pl.* IV) et que cette partie soit de la longueur du jeu des deux tampons, afin que dans les chocs des wagons isolés, les timons ne puissent pas butter l'un contre l'autre.

Cette barre pourra ou s'enlever pour être placée le long du châssis, ou se relever à charnières à côté du tampon.

Wagon articulé deux fins.

Le wagon à deux fins, représenté dans la planche III, est exactement le même que celui de la planche II pour tout ce qui concerne l'articulation.

Il a de plus que le premier un appareil entier de traction et de percussion, compris dans l'épaisseur du châssis, en tout semblable à celui des wagons à essieux parallèles avec lesquels il est destiné à être attelé au besoin.

Nous avons remarqué que dans le système parallèle la traction se communiquait aux essieux par les plaques de garde, il a donc fallu les conserver ici. Cependant, pour ne pas faire obstacle à la convergence, ces plaques de garde P sont plus ouvertes dans la partie inférieure pour laisser le jeu à l'essieu, tandis qu'elles forment coulisse là où elle correspond à la glissière circulaire G.

Dans le système parallèle, les tampons de choc font partie de l'appareil de traction; il y a donc obligation de les appliquer tels qu'ils sont; cependant, comme dans les petites courbes, ils occasionneraient des résistances par la trop forte pression des tampons intérieurs, nous y remédions en mettant les ressorts à tourillons comme cela est représenté en détail (*pl. IV*, *fig.* 5). Le ressort fait ainsi l'effet d'un balancier ou mieux d'un palonnier dont les deux branches se partagent l'effort dans toutes les positions.

Il est à remarquer que, dans le système parallèle, la traction, par l'extrémité des châssis, devient excentrique, quand on cesse d'être en ligne droite (*pl. V*, *fig.* 1), et que cela offre quelque danger avec des roues libres ; l'attelage sur la cheville ouvrière correspondant à l'axe de la voie est donc plus convenable ; nous nous sommes rapprochés de cette disposition, en faisant traverser la cheville ouvrière par la tige de traction, et en la mettant à charnière tout contre cette cheville (*C. pl. III, fig.* 3). Au lieu d'un simple passage dans la traverse extrême, on y a pratiqué une mortaise pour laisser le jeu de la tige de traction.

Ces dispositions, soumises à une commission d'ingénieurs (1), lui ont paru *avoir complétement résolu les difficultés que présentait ce matériel à ces deux points de vue.*

Voici le texte de la lettre officielle qui résume l'opinion de la commission :

« Paris, le 10 août 1859.

« Monsieur, ainsi que j'ai eu l'honneur de vous en informer, le « 18 juillet dernier, une commission spéciale a été chargée d'exa- « miner les perfectionnements que vous avez apportés dans les dis- « positions du matériel articulé, afin de permettre, d'une part, l'at- « telage simultané de ce matériel avec des wagons ordinaires, et, « d'un autre côté, pour en faciliter la manœuvre dans les gares « d'embranchement ou de bifurcation.

« La commission, après avoir attentivement pris connaissance « des modifications dont il s'agit, ainsi que du modèle réduit que « vous avez fait préparer, vient de m'adresser à ce sujet un rapport

---

(1) Cette commission était composée de :

MM. Avril, inspecteur général des ponts et chaussées.

Foulon, ingénieur en chef des ponts et chaussées et du contrôle du chemin de fer d'Orléans, etc.

Sauvage, ingénieur en chef des mines, directeur du matériel de la Compagnie de l'Est.

Pierrard, ingénieur en chef des mines, membre du Comité consultatif des chemins de fer.

Gentil, ingénieur des mines et du contrôle du chemin de fer d'Orléans.

« dans lequel elle fait connaître *qu'en ce qui concerne l'adjonction « du matériel articulé aux trains ordinaires et sa manutention « dans les gares, votre nouveau projet paraît avoir complètement « résolu les difficultés que présentait ce matériel à ces deux points « de vue.*

« Toutefois, la commission ajoute qu'il conviendrait de faire sanc-« tionner par l'expérience l'efficacité des moyens que vous propo-« sez, attendu que, dans la pratique, des idées théoriquement fort « ingénieuses et paraissant fort simples sont souvent d'une appli-« cation très-difficile.

« Je ne puis moi-même que *partager l'opinion exprimée à l'una-« nimité par la commission*, et je verrais avec plaisir qu'une Com-« pagnie de chemin de fer consentît à expérimenter en grand votre « système d'attelage et de montage du matériel articulé.

« Recevez, Monsieur, l'assurance de ma considération.

« *Le Ministre de l'agriculture, du commerce, et des « travaux publics, etc.* »

Quant à la dernière restriction que paraît contenir cette lettre, nous ferons remarquer qu'elle est dans les habitudes des commissions, et que c'est précisément pour lever tous les doutes que nous avons pris la résolution de publier ces notes; nous formons le vœu que le système dont toutes les parties ont déjà été expérimentées, le soit le plus tôt possible dans son ensemble.

---

## OBJECTIONS.

Objections de la commission de 1853.

L'importance que nous avons attachée au rapport de la commission de 1853, qui résume l'étude la plus sérieuse qui ait été faite de notre système, nous a décidé à reproduire textuellement les objections qu'il renferme, soit qu'elles se manifestent sous forme de doutes, soit quelles aient une forme plus sérieuse.

Afin de ne pas les affaiblir ou de ne rien omettre d'intéressant, nous les copions dans l'ordre où elles se trouvent dans le rapport. Fort heureusement, nous avons pu leur opposer des faits d'exploitation constatés par des extraits des rapports officiels ou des résultats de comptes rendus.

### *Les rails inclinés ne sont-ils pas un obstacle ?*

« Les roues assujetties à rouler sur des rails inclinés ne ten-
« draient-elles pas à prendre la forme conique, et alors pourraient-
« elles encore parcourir 400,000 kilomètres sans être renouvelées? »

Rien ne s'oppose à adopter pour les lignes à petites courbes les rails inclinés et les bandages coniques ; cette disposition aurait même l'avantage de s'opposer aux effets de la force centrifuge, qui, dans les courbes, jette le convoi contre le rail extérieur.

---

### *Délicatesse du système.*

« Le système articulé et les galets directeurs offrant un ensemble
« de pièces ajustées avec précision, soumises à des chances d'usure
« et de rupture, n'entraîneraient-ils pas à des frais d'entretien pou-
« vant balancer l'économie sur le bandage des roues ? »

Toutes les dépenses qui concernent le système articulé et les galets directeurs sont comprises dans les comptes des quatre années consécutives qui ont servi de base à la comparaison des frais du chemin de fer de Sceaux et du chemin du Nord, et le matériel de Sceaux avait déjà trois ans et demi d'existence ; nous croyons cette réponse péremptoire.

Généralement on s'est exagéré la fatigue des galets auxquels sont dues à la fois une direction si certaine, et une sécurité si grande; rarement on rencontrera un chemin plus tourmenté que celui de Sceaux, et cependant on voit souvent des galets dont les cercles servent plusieurs années; dernièrement on nous en montrait une garniture entièrement en fonte coulée en coquille, qui était en service depuis plus de deux mois et demi, et sur la surface desquels le doigt ne pouvait constater aucune usure.

---

### *Effets de la vitesse.*

« Les voitures étant soumises à une marche plus rapide, moins « soignées dans les trains à marchandises qu'au chemin de fer de « Sceaux, n'en résultera-t-il pas une cause d'usure pour les ban- « dages ? »

Nous répondons que nos dispositions sont devenues très-simples, et que nous les regardons comme susceptibles de présenter autant de résistance qu'on le jugera utile. Nous ajouterons qu'il nous semble impossible qu'un matériel qui n'éprouve aucune contrariété dans ses mouvements résiste moins que celui qui est constamment soumis à des résistances anormales.

---

### *Démarrage.*

« L'attelage rigide de tous les véhicules d'un même convoi ne pré- « senterait-il pas des difficultés de démarrage qui entraîneraient des « pertes de temps pour les trains de voyageurs ?

« La même cause ne forcerait-elle pas à diminuer le poids des « trains de marchandises ?

« Les modifications que l'on pourrait imaginer pour remédier à « cette difficulté de démarrage ne seraient-elles pas une nouvelle « cause de dépense? »

Nous avons commis la faute à la gare de Paris de faire partir les locomotives sur un rayon de 25 mètres, et du dessus d'une fosse où la machine stationne et où on la graisse. Les roues étant solidaires, il en résulte que l'une d'elles (celle du dehors) est obligée de faire glisser l'autre, et d'enlever le train sur une voie souvent luisante et grasse, et de là on a trop facilement conclu que le patinage de la machine était dû à la solidarité du train.

Il est à remarquer qu'à Sceaux et à Orsay, où les convois roulent également sur des courbes de 25 mètres, mais où les locomotives se trouvent sur une partie droite, le départ des mêmes trains n'a jamais présenté le moindre inconvénient.

Nous avons fait observer de plus qu'en introduisant un ressort à boudin très-énergique dans l'ajustement du goujon qui réunit les wagons (*fig*. 6, *z*, *planche IV*), on faciliterait le départ.

Cette dépense serait sans importance, car un seul timon ainsi disposé à la suite du tender suffirait pour les convois ordinaires, et on pourrait en mettre un second dans le centre en cas de convois plus forts.

Qu'on veuille bien d'ailleurs se rappeler ici que l'on n'a pas pu constater de différence sappréciables dans la traction sur les courbes et les lignes droites.

---

### *Nécessité d'adopter la voie de 1m 44.*

« Les relations indispensables entre les chemins de fer actuels et « les chemins à matériel articulé auraient encore un autre inconvé- « nient, celui de rendre nécessaire la réduction à 1m 44 de la lar- « geur de la voie de 1m 80 adoptée au chemin de fer de Sceaux. « M. Le Chatelier considère cette réduction comme une mesure re- « grettable, parce que les voitures, sur cette nouvelle voie, ne peu- « vent avoir que 1m 095 entre les points d'appui des ressorts sur les « essieux, tandis que dans le matériel rigide les points d'appui pris « en dehors des roues sont écartés de 1m 907, et que ce rappro- « chement des points d'appui a pour effet de déterminer un mouve- « ment de roulis que l'on a remarqué dans les essais faits au che- « min du Nord sur des voitures articulées; mais ce mouvement, « très-fort dans les petites vitesses, diminue à mesure que la marche « des convois s'accélère.

« (Disons de suite que ce mouvement a dû être en grande partie « déterminé, au chemin du Nord, par le surhaussement et par la « surcharge des impériales de voitures disposées pour recevoir les « bagages des voyageurs.) »

Lorsque nous avons proposé la voie de 1m 80, la grande discussion sur la voie large et la voie étroite était à l'ordre du jour. La France n'avait pas encore 100 kilomètres de chemins de fer exécutés, et notre opinion était d'adopter la voie large qui donnait plus de stabilité et permettait de plus grandes vitesses. Notre proposition ayant été accueillie pour la ligne de Sceaux, nous avons pu placer les ressorts en dedans des roues; c'était une convenance, mais ce n'était pas une nécessité. En reportant les ressorts en dehors des roues, nous nous trouvons exactement dans les mêmes conditions que le système parallèle. L'objection a donc disparu.

Il serait à désirer que pour l'Algérie, où aucun précédent ne s'y oppose, on pût adopter une voie plus large que la plupart des ingénieurs regrettent aujourd'hui avec raison.

---

*Nécessité d'employer des machines puissantes.*

« La nécessité des machines puissantes, c'est-à-dire à roues cou-
« plées, sera plus impérieuse encore sur les chemins de fer du ré-
« seau central que sur les chemins actuels, et cependant l'accou-
« plement des roues paraît en opposition directe avec le système de
« M. Arnoux, puisqu'il faut des trains rigides pour réunir les roues
« par des bielles. M. Le Chatelier regrette que les recherches de
« M. Arnoux n'aient pas porté sur ce sujet, parce que cet habile et
« inventif ingénieur aurait probablement trouvé une solution de ce
« problème. Déjà, depuis que son attention a été appelée sur ce
« point, il a imaginé une disposition qui paraît très-praticable et
« qui, sans résoudre complétement la question, lui ferait faire un
« pas considérable, si une étude plus détaillée et l'exécution en
« grand venaient confirmer les espérances que l'on peut concevoir
« à ce sujet.

« M. Le Chatelier conclut de la discussion à laquelle il s'est livré,
« que si le système de M. Arnoux n'est pas applicable dès à pré-
« sent à la construction des chemins de fer qui restent à concéder,
« il peut le devenir. Et en conséquence il est d'avis que, sans arrê-
« ter la concession des lignes, qu'il est opportun d'exécuter immé-
« diatement, *il est nécessaire de prendre des mesures pour hâter le*

« *plus possible la solution des difficultés inhérentes au matériel de* « *traction, afin que l'on puisse profiter le plus tôt possible, et avant* « *que la question soit plus engagée, des avantages du système des* « *trains articulés.* »

Plus loin, le Rapport de la commission rappelle la réponse à cette objection dans ces termes :

« Disposition proposée par M. Arnoux. — *Cette disposition* « *consisterait à assurer comme d'ordinaire la direction de la ma-* « *chine au moyen d'essieux mobiles à roues indépendantes, placés* « *avec un système de galets à chaque extrémité, et à fixer sous le* « *milieu de la machine quatre roues motrices reliées deux à deux* « *par des bielles d'accouplement, mais indépendantes d'un côté à* « *l'autre de la machine. Chaque paire de roues d'un même côté se-* « *rait commandée par deux petits cylindres dont la marche serait* « *plus ou moins précipitée, suivant le développement du rail sur le-* « *quel travailleraient les roues correspondantes; peut-être même se-* « *rait-il possible, sans inconvénient bien sérieux, de n'atteler qu'un* « *seul cylindre sur chaque paire de roues.*

Cette expérience a été faite sur une machine trop compliquée pour entrer dans la pratique, mais elle a été simplifiée, et elle est restée en service régulier, ainsi que nous l'avons dit page 34.

Il restera encore aux locomotives articulées, comme cela existe pour toutes celles en usage aujourd'hui, l'inconvénient du glissement des roues motrices, cause principale de l'altération de leurs bandages; il sera même plus grand, puisque ces machines sont destinées à parcourir des courbes de rayons plus petits, mais ici encore nous avons l'expérience journalière qui nous prouve que l'action continue des galets diminue l'amplitude des glissements en les multipliant, et qu'ils sont, par ce motif, moins brusques et moins fatigants pour la locomotive. Nous ne donnons cette observation qu'à titre de palliatif.

Et pour finir sur ce sujet important, nous déclarons que nous sommes loin d'avoir renoncé à l'espoir de faire disparaître ces dernières résistances anormales du système articulé; qu'au contraire, il nous paraît utile et tout à fait rationnel de reprendre l'idée d'indépendance des roues d'un même côté. Mais cette fois, au lieu d'une paire de cylindres de chaque côté, on pourra, ainsi que nous l'avons indiqué, n'en mettre qu'un.

Si cette disposition réussit, et tout porte à croire qu'il en sera ainsi, il sera prouvé une fois de plus que le besoin de tout prévoir a entraîné dans des complications inutiles.

---

Objections étrangères aux rapports officiels.

En dehors des objections que renferment ces rapports, il s'en est produit d'autres; la plupart étaient fondées sur des erreurs de fait auxquelles une plus ample information a naturellement répondu, mais quelques-unes d'elles exigent une réponse, ne fût-ce qu'à cause de l'autorité qui s'attache au nom de leurs auteurs.

Dans la pratique, dit-on, *on préfère souvent un procédé simple, dût-il ne donner qu'une solution imparfaite, à des moyens plus rigoureux en principe, mais plus compliqués, et par cela même plus coûteux.*

Nous reconnaissons qu'il en est parfois ainsi dans les applications de la mécanique, mais c'est quand il est question d'atteindre un même but. Ainsi l'objection eût pu, dans l'origine, nous être faite, si nous avions proposé la substitution du matériel articulé au matériel parallèle, sans l'avantage de circuler dans les petites courbes; mais peut-il en être de même ici? Rappelons en outre qu'à part même cette observation capitale, si on a pu reprocher à nos premières dispositions quelque gêne dans le service, quelques complications dans la construction, elles ont disparu, et, qu'en fait, le système articulé, ramené aux formes que nous indiquons, devient aussi simple, aussi économique que le système parallèle, tout en satisfaisant cependant à des conditions, qui seules permettent des économies réelles dans l'établissement de la voie.

On disait encore, en parlant des lignes en projet : *Nous n'avons sur ces lignes aucune difficulté à vaincre, il n'y a donc pas d'utilité à recourir à des moyens nouveaux.* Nous répondons que si ce matériel nouveau n'est inférieur en rien au matériel en usage, ni comme prix, ni comme vitesse, ni comme commodité, ni comme sécurité, on ne comprendrait pas pourquoi on se priverait de la possibilité de prolonger ces lignes nouvelles dans des directions plus accidentées, de recevoir des embranchements conduisant à des mines, à des usines, à de grandes exploitations, à des entrepôts, à des ports, à des arsenaux, partout enfin où les petites courbes seront d'une utilité incontestable.

---

# NOTES DIVERSES.

Collision

Il a fallu que le chemin de Sceaux eût aussi sa collision; par suite d'une légèreté bien malheureuse, une locomotive et son tender, que l'ingénieur avait envoyés en toute hâte à Bourg-la-Reine, dans l'espoir de les faire arriver avant le départ du train ordinaire en retour sur Paris, ont rencontré ce train au milieu d'une courbe de 240 mètres de rayons et dans une tranchée profonde, où les mécaniciens n'ont pu se voir qu'à 30 à 40 mètres, lorsque toute mesure pour atténuer le choc devenait inefficace. (C'était avant l'établissement du télégraphe électrique.)

L'état des deux locomotives, en quelque sorte anéanties, a prouvé la violence du choc, facile d'ailleurs à concevoir.

S'il est vrai, et nous le pensons, que c'est surtout dans les accidents qu'il est possible de mieux juger et étudier les parties faibles d'un matériel, nous devons rappeler que celui-ci a été, sous ce rapport, tout à l'avantage du système. Deux effets également remarquables se sont produits :

Le premier, c'est que, grâce à la puissance des appareils de direction, qui ont parfaitement résisté, les deux locomotives, quoique sur une courbe qui les a forcés à s'attaquer par un angle, sont restées sur la voie.

Le second effet, c'est que tout le train, sans excepter une seule roue, est également resté sur les rails, et que la force vive a été absorbée, non-seulement par le bris des machines, mais encore et surtout par les timons en fer, qui ont ployé.

Le malheur a voulu que le premier compartiment du wagon de 3e classe qui était en tête, fut occupé ce jour-là par sept personnes, et que plus fatalement encore le timon de cette voiture, après avoir plié comme les deux qui le précédaient, se soit rompu à cause d'une paille qui se trouvait dans le fer.

Ce wagon très-chargé s'est alors engagé sous la traverse de derrière du wagon à bagages, qui ne porte jamais rien sur cette ligne, et les jambes des sept voyageurs ont été plus ou moins brisées; dans les trois autres compartiments du même wagon, les voyageurs n'ont pas même reçu de contusion.

Nous ne faisons pas de doute que si les flèches du tender et du wagon à bagages qui précédaient, au lieu d'être en bois, avaient été en fer comme les timons, ainsi que nous le proposons aujourd'hui, la force vive se serait répartie sur un plus grand nombre de pièces capables de l'absorber, et que probablement le timon dont il s'agit ne se serait pas rompu. Remarquons encore qu'avec les dispositions de châssis et de tampons, que nous proposons également, les effets signalés auraient encore été atténués.

Ne nous est-il pas permis d'ajouter qu'il y a là des éléments de sécurité que ne présente pas le système en usage? La commission des accidents avait déclaré que, selon elle, le meilleur *parachoc* serait un ressort, ou quelque disposition analogue capable d'absorber la force vive sans réagir. C'est précisément l'effet qu'ont produit et que produiront avec d'autant plus d'efficacité qu'elles seront plus nombreuses ces barres longitudinales en fer, légèrement cintrées, qui, régnant dans toute la longueur du train, agissent comme un bélier dont la tête seule supporte les conséquences du choc.

Il nous paraît impossible de ne pas conclure que la liaison rigide de tous les wagons d'un train, outre les avantages qu'elle présente, est l'un des moyens de sécurité les plus énergiques qui aient été proposés contre les dangers des collisions.

Parcours moyen de bandages sur le chemin de Sceaux.

Le rapport qui sert de base à cette discussion dit :

« Sur le chemin de fer de Sceaux, le parcours moyen des bandages actuels des roues est d'environ 300,000 kilomètres; si on « les remplaçait par de nouveaux bandages exécutés avec les perfectionnements que l'on a apportés dans la fabrication et dans la « forme, ils pourraient résister à un parcours de 400,000 kilomètres, tandis qu'au chemin de fer du Nord, les bandages doivent « être remis sur le tour deux fois, pour que l'on puisse leur faire « parcourir 100,000 kilomètres.

Une courte explication peut être ici nécessaire pour les personnes qui n'ont pas suivi ces questions.

Les bandages, dont parle le rapport, dataient de l'origine du chemin de fer de Sceaux (juin 1846). A cette époque, dans la crainte de ruptures des bandages, on exigeait qu'ils fussent en fer doux et nerveux. Depuis, on a reconnu que, grâce aux perfectionnements apportés dans la fabrication de ces qualités de fer, on pouvait obtenir des bandages également résistants, mais durs et à grains; c'est avec ces qualités de fer que, sur la ligne du Nord et les autres, on est arrivé au parcours de 100,000 kilomètres; tandis qu'avec les fers à nerf on ne dépassait pas 70,000 kilomètres.

Depuis que le rapport a été fait, c'est-à-dire depuis le commencement de 1853, beaucoup de bandages du matériel de Sceaux, qui déjà avaient atteint 300,000 kilomètres, ont été jusqu'à 400,000. Il n'y a donc aucune crainte de se tromper, en affirmant qu'avec du fer dur les bandages dépasseront 400,000 kilomètres comme l'admet le rapport.

---

Essais sur le chemin de fer du Nord.

Nous devons aller au-devant d'une observation qui, tout naturellement, doit se reproduire à l'occasion de ces notes.

Pourquoi les voitures articulées, qui ont été essayées sur le chemin de fer du Nord, n'ont-elles pas été maintenues en service?

De toutes les lignes de chemins de fer, celles de la Compagnie du Nord sont celles qui présentent le moins de courbes; aussi, à ce point de vue, n'avaient-elles aucun besoin du système articulé.

On sait que sur les lignes de Calais et de Cologne, les convois express ont des vitesses qui se maintiennent souvent entre 72 et 84 kilomètres à l'heure; avec cette vitesse, le graissage à la graisse causait des avaries et des retards nombreux. La Compagnie eut alors la pensée de faire l'essai de voitures articulées, dans l'espoir de remédier à ces inconvénients par la graisse à l'huile.

Nous n'avions pas encore trouvé, à cette époque, de moyen d'attelage convenable pour réunir les deux matériels; les dispositions que nous avions adoptées pour les trains ne nous avaient pas permis d'employer des ressorts assez longs pour obtenir une suspension suffisamment douce; puis, ce qui était le plus grave, ces voitures n'ayant pas de tampons et leurs essieux ne pouvant être fixés pour faciliter leur mouvement isolé dans les gares, elles exigeaient des soins qui les firent considérer comme un embarras par le personnel du mouvement.

Quoiqu'en marche ce matériel se comportât bien, cet état de choses indiquait évidemment la plupart des modifications importantes que nous venons d'y introduire.

Ce fut presque sur ces entrefaites que parut le graissage à l'huile, avec des boîtes d'une forme qui ne changeait rien au matériel ordinaire; dès lors les essais ne furent pas continués, et les caisses de première classe, dont la Compagnie avait l'emploi dans ce moment, furent placées sur des trains à essieux parallèles.

Expériences en voie d'exécution sur le chemin de Sceaux.

Dans le but de simplifier le système, paraît-il, des essais se font sur le chemin de fer de Sceaux, afin de s'assurer si des wagons ayant leurs essieux parallèles, mais toujours avec des roues libres, ne présenteraient pas assez de facilités dans le passage des courbes pour permettre de supprimer la convergence.

Les essais constatent, en effet, que, dans ces conditions, les wagons *retenus par cette ligne rigide et inextensible* des timons et des flèches, ayant tous ses points d'articulation correspondants à l'axe de la voie, sont entraînés et passent ainsi dans les courbes même de 25 mètres, mais avec frottement énergique des boudins des roues.

Nous ne croyons pas que l'on ait encore constaté l'augmentation de résistance à la traction. Elle doit être importante, et tout naturellement elle le sera d'autant plus que les essieux seront plus écartés; or, il ne faut pas oublier qu'on les a éloignés dans le système parallèle, pour donner de la stabilité aux voitures, détruire ou au moins atténuer le mouvement de lacet et obtenir ainsi une marche plus sûre et plus rapide.

Sans tenir compte des dispositions nouvelles que nous indiquons pour diminuer le prix d'entretien des organes de la convergence, il serait facile de relever, dans les comptes du chemin de Sceaux depuis 1846, les dépenses qu'ils ont entraînées; nous ne faisons pas de doute qu'en les comparant à ce que coûtera la plus grande résistance des trains ainsi transformés, ces derniers ne l'emportent par une plus grande consommation de combustible, de boîtes de roues, et de toutes les parties du train qui fatiguent dans le passage des courbes; aussi croyons-nous qu'en se privant de grandes facilités et en sacrifiant une sécurité incontestable, qu'on doit s'imposer avant tout pour le service des voyageurs, on n'atteindra pas le but qu'on s'est proposé.

Système de M. Ed. Roy, ingénieur.

M. Edmond Roy, dans des dispositions nouvelles qu'il propose, adopte les deux principes de l'indépendance des roues et de la convergence des essieux. Pour l'indépendance des roues, il emploie des demi-essieux réunis par un manchon qui laisse à chacun d'eux sa liberté de rotation ; pour la convergence, M. Ed. Roy propose une disposition qui permet aux essieux de céder à la pression latérale que les rails exercent contre les boudins des roues dans les courbes; le déplacement transversal des essieux entraîne leur convergence au moyen de glissières obliques sur lesquelles reposent les boîtes à graisse.

Nous nous bornons à faire remarquer ce qui distingue ces dispositifs de ceux que nous avons adoptés pour l'application de ces deux principes communs au système de M. Roy et au nôtre.

Ici l'essieu est libre de prendre plus ou moins d'obliquité selon que le choc ou la pression qui agit sur lui sont plus ou moins énergiques et plus ou moins favorisés par l'état des glissières. Tandis que dans le système articulé la convergence est indépendante des boudins des roues, et l'obliquité imposée à l'essieu, toujours rigoureuse et en rapport avec le rayon de courbure de la voie.

Quant à la liberté des roues, la différence de construction ne nous paraît pas devoir en apporter dans les effets.

Des expériences sur une grande échelle sont également en voie d'exécution sur le chemin de fer d'Orléans; bientôt probablement on en connaîtra les résultats.

Nous constatons ces deux essais : le premier ayant pour but l'indépendance des roues et la rigidité des timons, mais en maintenant le parallélisme des essieux ; le second ayant les roues libres et les essieux convergents, mais en laissant aux wagons leur direction individuelle dans les trains, comme une preuve de la tendance qui commence à se manifester en faveur de ces principes.

Nous ne doutons pas que la liberté de circulation des wagons séparés ou réunis en convoi ne finisse par triompher, et nous ne craignons pas d'ajouter que ce n'est qu'alors qu'on pourra compter sur de sérieuses économies dans l'établissement des chemins et sur des facilités progressives dans leur exploitation, dont le système actuel ne peut donner l'idée.

---

## APPLICATION.

Nous résumons notre opinion sur les moyens de construire et d'exploiter (quant au matériel) les chemins de fer, aux conditions les plus économiques possibles, dans l'état actuel de la science.

Comme tracé, nous n'entendons poser, bien entendu, que des idées très-générales dont on se rapprocherait, suivant que les localités et les exigences de l'exploitation le permettraient.

Comme rampes, nous nous bornons dans ces notes au programme que s'était tracé la commission des chemins de fer à bon marché, qui s'est abstenue de traiter la question des rampes exceptionnelles.

*Matériel :* Il n'y a point à se préoccuper du matériel (locomotives et wagons) au point de vue des courbes; on ne doit prendre pour limites que ce que prescrit la prudence par rapport à la vitesse que l'on veut conserver, et ne tenir compte ni d'un danger de déraillement, ni d'une augmentation de résistance, l'une n'étant pas appréciable, l'autre n'existant pas.

*Vitesse* : Nous rappelons que :

Les courbes de 200 mètres peuvent se parcourir à toutes vitesses en usage ;

Les courbes de 100 mètres, avec une vitesse de 40 kilomètres.

Les courbes de 50 mètres, avec une vitesse de 30 kilomètres.

Dans les gares, dans les croisements et les raccordements, où la vitesse est nulle, on peut descendre à 18 et même 15 mètres, avec l'écartement des essieux de 3 mètres. Dans tous les cas, on devra relever le rail extérieur dans les courbes, et cela d'autant plus que les courbes seront de rayons plus petits.

*Tracé :* Les courbes peuvent être tracées à l'œil; l'important est d'éviter qu'elles présentent des jarrets et de faire qu'elles se rapprochent dans les tournants prononcés de la propriété de la parabole dont la courbure est croissante jusqu'au sommet pour décroître ensuite (1).

Lorsque les difficultés du terrain ne permettront pas, dans les montagnes, de raccorder les lacets par des courbes même de petits rayons, on pourra exceptionnellement faire des lacets à rebroussement en forme de Z, indiqués par M. Bourdaloue; puisqu'il est établi par l'expérience qu'avec les trains rigides on peut, sans danger, marcher dans les deux sens, la locomotive en tête ou en queue, en conservant la même vitesse.

La rigidité et l'unité des trains permettent également d'atteler plusieurs locomotives à un même convoi, sans crainte de contrariétés soit dans les montées, soit dans les descentes, quelle que soit d'ailleurs la position des locomotives dans le convoi.

Il suit de là que s'il était possible de partager le chemin en relais de plaine, ayant des rampes qui ne dépassent pas 8 millimètres, et en relais de rampes, dont le maximum serait de 18 millimètres, on pourrait, pour ces dernières, ajouter une locomotive à l'arrière des trains, et rester dans les mêmes conditions de chargement et de marche, sans difficultés ni retards, pour l'attelage et le dételage de ce renfort. Nous pensons que ce moyen serait préférable à l'emploi de locomotives très-lourdes, dont chaque roue motrice charge la voie sur un seul point d'un poids de 7 à 8 tonnes, non que les rails ne puissent le porter, mais parce que, sous une pareille pression, les surfaces en contact se refoulent, deviennent pailleuses et se déchirent dans les glissements, et, dans tous les cas, fatiguent la voie et abrégent le service des rails, là où ce poids est inutile à l'adhérence.

Nous voudrions donc que, mettant à profit cette facilité d'ajouter des locomotives de renfort, on cherchât à localiser leur service et on se bornât au poids maximum de 5 tonnes par roue, poids que l'expérience a en quelque sorte fixé, et qui nous paraît devoir présenter de grandes économies d'entretien.

---

(1) On peut, en conservant cette propriété, resserrer les branches d'une parabole. Soit une parabole P Q R (*planche V, figure* 10), soit O le centre du cercle osculateur au sommet de la parabole; si on coupe la parabole suivant son axe horizontal, et si on fait tourner les deux moitiés autour du centre du cercle osculateur, les deux branches se rapprocheront en prolongeant l'arc de cercle, mais sans en faire varier le rayon.

Dans ces conditions, une locomotive à 4 roues couplées, pourrait, dans ce que nous avons appelé le trajet de plaine, remorquer un convoi de 200 tonnes, non compris la machine et le tender, et au moyen d'un renfort de la même puissance, parcourir le relai présentant des rampes de 18 millimètres.

Inutile d'ajouter qu'une locomotive à 6 roues couplées, dans les conditions de puissance analogue, remorquerait des convois de 300 tonnes.

Par rapport aux galets et pour avoir un rail peu élevé, ce qui est toujours une bonne condition, le rail Vignol en T renversé, à notre avis, doit être préféré. Avec le poids de 5 tonnes par roue motrice, on peut revenir pour les rails à celui de 34 kilogrammes par mètre; ce rail, on le sait, n'a pas de coussinets, mais il conviendra d'assurer l'accord des joints par de bonnes éclisses.

L'expérience ayant démontré que la pose sur longuerines était difficile et d'un grand entretien, rien ne s'oppose à le placer sur traverses suffisamment longues, surtout à l'extra-dos des courbes.

Nous croyons inutile de revenir sur la facilité des mouvements de gare, de chargement, d'attelage, etc., puisque, sous tous ces rapports, rien ne serait changé aux habitudes prises.

Qu'il nous soit permis d'espérer que ces rapports si positifs émanés d'autorités si respectables, mais depuis longtemps oubliées; que ces résultats authentiques, mais disséminés et par suite peu connus; que ces perfectionnements nouveaux qui répondent aux dernières objections faites au système articulé; que tous ces faits, disons-nous, groupés comme ils le sont ici, feront cesser l'indifférence qui faisait tout au plus regarder les trains articulés comme un procédé ingénieux, mais impropre aux besoins de la pratique.

# TABLE DES MATIÈRES.



## APPENDICE.

Pages.

Descriptions techniques :



Objections :



Notes diverses :





---

(219)

Paris, impr. Paul Dupont,
rue de Grenelle-St-Honoré, 45.

# TRAINS ARTICULÉS DU CHEMIN DE FER DE SCEAUX

Pl. 1

## LÉGENDE

- Flèche en bois
- Empanons en bois
- Limons en bois
- Plaques de Limons
- Contreplaques de limons
- Chevilles ouvrières
- Ressorts
- Timons en fer
- Essieux
- Supports de Galets
- Galets
- Bielles de Convergence
- Abaucheur
- Entonnoirs pour guider l'entrée du Goujon
- Goujons d'attelage
- Cheville mobile
- Cheville fixe
- Chainette de la Cheville mobile

Fig. 1.

Fig. 2.

Fig. 3.

Fig. 4.

Fig. 5.

TRAINS MODIFIÉS SIMPLES.

Pl. II

## LÉGENDE.

Fig. 1. Projection longitudinale.

Fig. 2. Coupe longitudinale.

Fig. 3. Première moitié vue en dessus

— Deuxième moitié vue en dessous

Fig. 4. Projection debout.

Fig. 5. Coupe par le milieu de l'essieu.

(Les mêmes lettres représentant les mêmes pièces)

*Flèches*

*Timons*

*Barre d'attelage*

*Essieux*

*Chevilles ouvrières*

*Bielles de Convergence*

*Manchons des Bielles*

*Supports de Glissière*

*Chassis*

*Tampons simples*

*Supports de Timons*

*Entretoise longitudinale* | *Entretoise transversale* } *servant à fixer la cheville ouvrière.*

Fig. 1.

Fig. 4.

Fig. 2.

Fig. 3.

Fig. 5.

*Échelle de ... pour mètre*

## LÉGENDE.

Fig. 1. Projection longitudinale.

Fig. 2. Coupe longitudinale.

Fig. 3. Première moitié vue en dessus.
Deuxième moitié vue en dessous.

Fig. 4. Projection debout.

Fig. 5. Coupe par le milieu de l'essieu.
d° Coupe en avant de XZ.

(Les mêmes lettres représentent les mêmes pièces dans les cinq Figures.)

f Flèches.

t Timons.

Fig. 1.

Fig. 4.

Fig. 2.

Fig. 3.

Fig. 5.

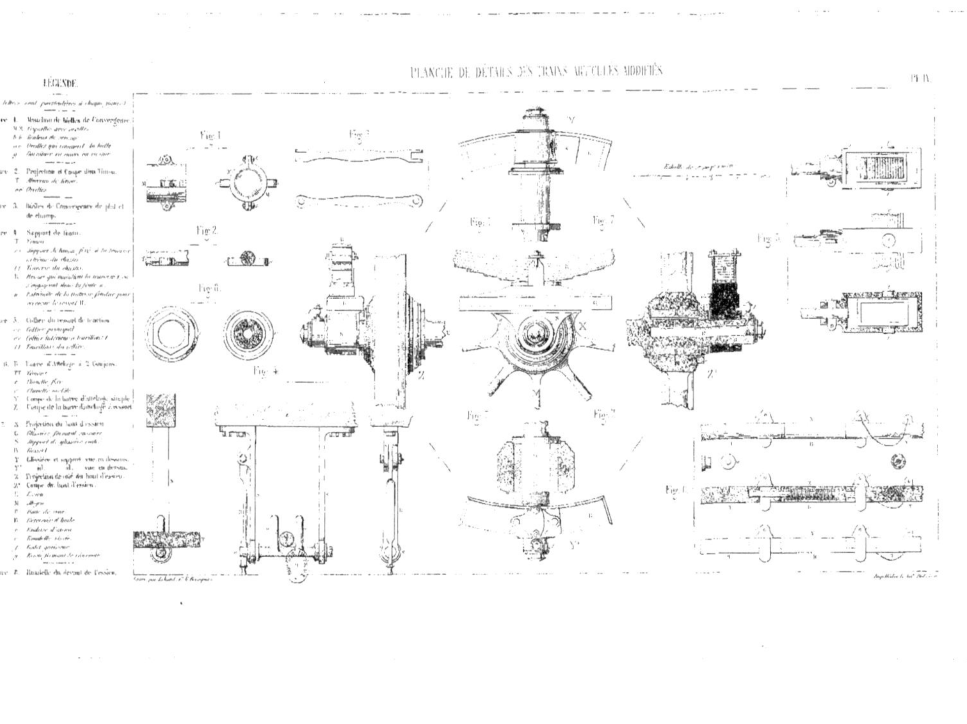
PLANCHE DE DÉTAILS DES TRAINS ARTICULÉS MODIFIÉS
Pl. IV.
LÉGENDE.
Figure 1. Manchon de bielles de Convergence
Figure 2. Projection et Coupe d'un Timon.
Figure 3. Bielles de Convergence de plat et de champ.
Figure 4. Support de timon.
Figure 5. Collier du ressort de traction
Fig. 6. B. Barre d'Attelage à 2
Y. Coupe de la barre d'attelage simple
Z. Coupe de la barre d'attelage à ressort
Fig. 7. X. Projection du bout d'essieu
Y. Glissière et support vue en dessous.
Y'. id. id. vue en dessus.
Z. Projection de côté du bout d'essieu.
Z'. Coupe du bout d'essieu.
Figure 8. Rondelle du devant de l'essieu.
Fig. 1
Fig. 2
Fig. 3
Fig. 4
Fig. 5
Fig. 6
Fig. 7
Fig. 8

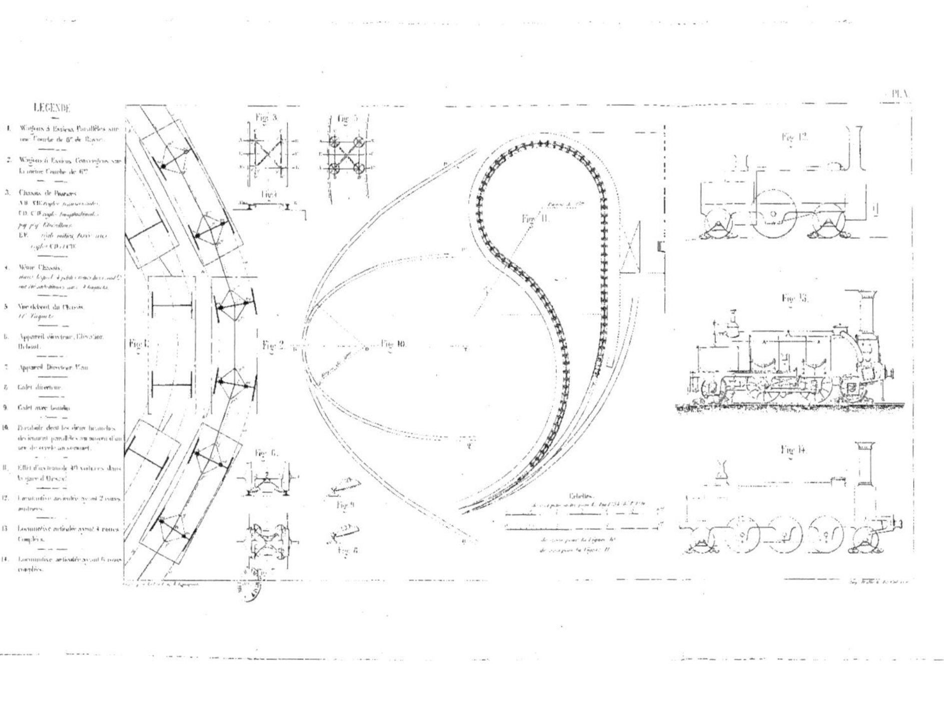
LEGENDE
1. Wagons à Essieux Parallèles sur une Courbe de 6m de Rayon.
2. Wagons à Essieux Convergents sur la même Courbe de 6m
3. Chassis de Wagons
4. Même Chassis.
5. Vue debout du Chassis.
6. Appareil directeur, Elevation. Debout.
7. Appareil Directeur Plan
8. Galet directeur.
9. Galet avec boudin
10. Parabole dont les deux branches deviennent parallèles au moyen d'un arc de cercle au sommet.
11. Effet d'un train de 40 voitures dans la gare d'Orsay.
12. Locomotive articulée ayant 2 roues motrices.
13. Locomotive articulée ayant 4 roues Couplées.
14. Locomotive articulée ayant 6 roues couplées.
Fig. 1.
Fig. 2.
Fig. 3.
Fig. 4.
Fig. 5.
Fig. 6.
Fig. 7.
Fig. 8.
Fig. 9.
Fig. 10.
Fig. 11.
Fig. 12.
Fig. 13.
Fig. 14.
Echelles.

www.ingramcontent.com/pod-product-compliance
Ingram Content Group UK Ltd.
Pitfield, Milton Keynes, MK11 3LW, UK
UKHW012251240726
13966UKWH00004B/1381

9 782013 056755